SOUVENIRS

D'UNE CAMPAGNE

AU

SOUDAN

(1892-1893)

PAR

M. MARCEL D'ORIENT

BESANÇON

IMPRIMERIE ET LITHOGRAPHIE DODIVERS

87, Grande-Rue et rue Moncey, 8 bis

1899

SOUVENIRS

D'UNE CAMPAGNE

AU

SOUDAN

(1892-1893)

PAR

M. Marcel d'Orient

BESANÇON

IMPRIMERIE ET LITHOGRAPHIE DODIVERS

87, Grande-Rue et rue Moncey, 8 bis

1899

EXTRAIT DES *MÉMOIRES DE LA SOCIÉTÉ D'ÉMULATION DU DOUBS*

(Année 1899)

SOUVENIRS

D'UNE

CAMPAGNE AU SOUDAN

(1892-1893)

Ces récits sont extraits du *Journal de Marche* d'un officier ayant pris part à la colonne Archinard — année 1892-93 — au Soudan. Ils ne sont autre chose qu'un assemblage de notes prises au jour le jour, au hasard de la route; ils ont un caractère tout personnel et ne sauraient être considérés comme une étude, même superficielle, de ces régions, non plus que de l'action politique et militaire que nous y avons exercée à cette époque.

DE SAINT-LOUIS A KITA

Sans m'attarder dans notre colonie déjà civilisée et souvent décrite du bas Sénégal, je me transporterai de suite en pleine brousse soudanaise, et c'est seulement à Kita, poste important entre Sénégal et Niger, que j'ouvrirai mon carnet de route. Il n'est pourtant pas inutile d'indiquer en deux mots par quels moyens de transport on atteint ce dernier point.

Nous sommes à la fin de novembre. A cette saison, où les eaux du Sénégal baissent rapidement, les vapeurs ne peuvent guère remonter au delà de Bakel et même de Matam : là on transborde sur des chalands, sortes de bateaux plats très peu confortables, qui marchent à la cordelle, à la manière de nos péniches de France. Il ne faut pas moins de 15 jours pour effectuer dans ces conditions le trajet de Saint-Louis à Kayes.

De Kayes, capitale du Soudan, à Bafoulabé, où le Bafing et le Bakoy se réunissent pour former le Sénégal, les transports se font par un chemin de fer à voie d'un mètre, qui franchit cette distance de 240 kilomètres en dix heures. A Bafoulabé, poste bien construit, on passe le Bafing sur un bac, puis l'on suit en Decauville, pendant une cinquantaine de kilomètres, la rive gauche du Bakoy jusqu'à Duibeba. A Duibeba, l'on prend des pirogues jusqu'à Badumbé, poste télégraphique et centre de ravitaillement. C'est de Badumbé que partent les convois de voitures Lefèvre : on y trouve des chevaux pour aller jusqu'à Kita. — Sept jours de marche.

DE KITA A BAMMAKO

Kita est un de ces postes, comme il y en a beaucoup au Soudan, où l'on est bien content d'arriver, parce que l'on y trouve à manger et à boire, mais d'où l'on est encore plus content de partir, tant le pays est triste et peu intéressant. Quand je dis peu intéressant, je parle bien entendu pour moi, voyageur vulgaire et profane qui ne sais contempler la nature qu'à la surface et incapable d'en découvrir les mystérieux dessous et les secrètes merveilles. Si je ne craignais d'employer un terme trop prétentieux, je dirais que je vois toutes choses plutôt en artiste qu'en savant. Aussi, en piteux observateur que je suis, n'ai-je retenu que ceci de mon séjour à Kita, à savoir que mon garçon [1] m'a volé, que le traitant de l'endroit m'a fait payer 12 fr. une demi-bouteille d'huile et que l'état-major m'a fait rendre mon cheval, qui était bon, pour m'en donner un mauvais.

---

(1) Domestique indigène.

C'était vraiment trop de malheurs à la fois. Ce fut donc avec une réelle satisfaction que je reçus l'ordre de quitter le 9 décembre au matin ces lieux funestes, pour me rendre à Ségou-Sikoro, poste important sur le Niger, où la colonne Archinard devait arriver deux mois plus tard et où l'on formait, en vue de cette colonne, deux compagnies de tirailleurs et un escadron de spahis. J'abandonnais du coup la colonne Combes qui, complètement ravitaillée en vivres et munitions, se mit en marche le 8 au matin, dans la direction du Sud, vers les Etats de Samory. Je souhaitai bonne chance à mes camarades, que je ne devais plus revoir de longtemps, et je procédai à mes préparatifs de départ pour le lendemain. Ce changement brusque de destination, dont j'étais l'objet, ne m'émut pas autrement, puisque j'étais assuré de faire colonne quand même ; seulement je marcherais à l'Est au lieu de marcher au Sud, et je poursuivrais Amahdou au lieu de courir derrière Samory. Personne, à ce moment, ne pouvait prévoir laquelle des deux colonnes serait la plus avantageuse ; on s'accordait pourtant à dire que la colonne du Sud serait plus difficilement ravitaillée que l'autre. A ce point de vue, j'étais même favorisé.

C'est à Kita que pour la première fois j'eus l'occasion d'étudier une maladie bizarre qui sévit sur les Européens du Soudan et qu'eux-mêmes ont baptisée la *Soudanite*. Bien que cette maladie ne soit encore mentionnée dans aucun ouvrage médical, elle n'en existe pas moins ; et même elle fait beaucoup plus de ravages ici que la dysenterie et les fièvres bilieuses hématuriques ou autres, si redoutées pourtant. C'est un mal essentiellement moral : les gens les plus robustes et les plus solidement constitués en sont atteints : seulement elle est bénigne ou aiguë suivant le tempérament et le temps de séjour du sujet contaminé. Elle se traduit par des inégalités d'humeur, des emportements et des violences de caractère, des tendances irrésistibles à la contradiction, enfin par des bizarreries et des extravagances de pensée et de langage qui, dans les cas graves, peuvent conduire à un état voisin de la folie. La caractéristique de cette maladie est de ne pas faire souffrir celui qui en est atteint, mais seulement ceux qui l'entourent. Elle n'est jamais mortelle, à moins qu'elle ne se complique de scènes de pugilat et de coups et blessures pouvant occasionner la mort.

Le 9 de bon matin, notre petite troupe se mit en marche : elle se composait du capitaine M. et de moi d'abord, de dix tirailleurs, dix porteurs, deux palefreniers, deux garçons et un cuisinier. Ce cuisinier avait été recruté par moi dans les circonstances particulièrement originales et amusantes que voici. Le 8 au soir, veille de notre départ, je n'étais pas encore parvenu à mettre la main sur cet oiseau rare et cher qu'on appelle un cuisinier. J'étais assis devant ma case, livré à de mélancoliques réflexions et en train de me demander si je n'allais pas être obligé de prendre moi-même ces modestes et délicates fonctions, quand je vis venir à moi un grand diable de nègre qui se présenta comme le *grand frère* de mon nouveau garçon ; je venais de renvoyer celui qui m'avait volé. Il venait, disait-il, recommander son *petit frère* à ma sollicitude et à ma bienveillance ; il n'avait pu se résigner qu'à grand'peine à se séparer de lui, mais il se consolerait en pensant qu'il était entre bonnes mains. Cette marque de confiance était certes des plus flatteuses pour moi. Le malheur fut pour lui que je ne crus pas un instant à cette prétendue parenté. Je savais bien que les nègres ont souvent beaucoup de frères légitimes et authentiques, grâce à la polygamie qui règne chez eux, mais je savais aussi que, comme ils attachent beaucoup de prix à la recommandation d'un *grand frère*, ils n'hésitent pas à s'en fabriquer un d'occasion, quand ils n'en ont pas un vrai sous la main : ils trouvent toujours un camarade de bonne volonté pour leur rendre ce service. C'était très probablement un de ces protecteurs improvisés que j'avais devant moi. J'en eus d'ailleurs bientôt la preuve. Je me préparais donc à éconduire ce personnage avec tous les honneurs dus à sa double qualité de nègre et de farceur, lorsque j'eus comme une inspiration subite et, m'efforçant de prendre mon plus gracieux visage, je lui tins ce langage : « La tendre affection que tu portes à ton jeune frère te fait le plus grand honneur ; je la comprends, et, comme j'ai l'âme bonne, je ne veux pas t'imposer une aussi cruelle séparation, tu partiras demain avec nous, je te fais mon cuisinier. Je renonce à dépeindre l'ahurissement vraiment comique de mon homme, qui ne s'attendait guère à celle-là, et qui n'avait pas la moindre envie de suivre la colonne : il était pris à son propre piège. Il me jura bien par Mahomet qu'il n'avait de sa vie tenu la queue d'une casserole. Je lui répondis que j'étais absolument convaincu qu'il ne savait rien faire, qu'aussi je ne lui donnerais que 20 fr. par mois au lieu de 40, prix ordinaire d'un bon cuisinier. J'ajoutai que les blancs savaient tout faire, la cuisine comme le reste, et que je la lui apprendrais. Pour le coup, il demeura sans réplique et il lui fallut bien rester. Le plus piquant de cette histoire, c'est assurément la fin. Qu'on juge de mon agréable surprise quand, le lendemain, à l'heure du déjeuner, je découvris que ce faux *grand frère* était un véritable et parfait cuisinier. Honteux de ses mensonges de la veille, il me confessa un à un tous ses talents culinaires. Je ne pouvais plus me fâcher. Cette petite aventure tourna plus tard à son profit. Comme il m'avait semblé découvrir en lui des instincts quelque peu guerriers, je lui conseillai, deux mois après, de quitter la broche pour le sabre et de s'engager aux spahis : il s'empressa de suivre ce conseil. Maintenant il est brigadier et il me remercie de lui avoir si bien indiqué sa voie.

Il y a des gens qui osent prétendre que les jours se suivent et ne se ressemblent pas. Que ceux-là viennent donc faire un petit tour au Soudan : je leur recommande surtout le trajet de Kita à Bammako, et je leur promets 10 bonnes journées de marche qui se ressembleront terriblement. Voici le programme d'une de ces réjouissantes journées. Départ à quatre heures. Marche jusqu'à dix heures environ. Avant sept heures il fait froid ; après huit heures il fait trop chaud. On s'arrête autant que possible dans un village. Tous ceux que nous rencontrons dans cette partie de notre marche sont d'assez triste apparence. Des cases rondes en terre, coiffées d'un toit conique en paille ; un mur en terre, construit suivant les règles les plus primitives de la fortification et formant une enceinte continue, quand elle n'est pas en ruines, autour de ces cases ; voilà toute l'architecture des noirs. Dès qu'un officier français est annoncé dans un village, le chef doit s'empresser de venir le saluer : il est d'usage aussi qu'il apporte du lait, des œufs et au moins une poule. Quelquefois c'est un vieux coq bien dur ; mais ça ne fait rien, s'il est blanc ; tandis qu'il serait très mal vu de donner un jeune poulet bien tendre, mais qui serait noir. Sur certains points d'étiquette cependant, je les trouve infiniment supérieurs à nous. Ainsi, dans une visite, c'est le monsieur visité qui se lève le premier et qui donne congé au visiteur : voilà un usage des plus pratiques, avouons-le. Un monsieur vous déplaît: vous n'allez pas le voir ; il vient vous voir : vous le congédiez, et c'est très poli puisque c'est l'usage. En attendant qu'on l'introduise en France, j'en ai profité amplement ici et mes entrevues avec ces bons chefs de village duraient juste le temps de recevoir leur cadeau et de leur remettre le mien ; celui-ci consistait le plus souvent en une pièce d'argent, car je n'avais guère autre chose à leur offrir, mais alors, il fallait avoir bien soin de leur faire expliquer que ce n'était pas pour payer leurs poules et leurs œufs. Payer un cadeau est une grossièreté chez eux comme chez nous ; toutefois où ils diffèrent entièrement de nous, c'est lorsqu'ils viennent avec beaucoup d'assurance réclamer un cadeau auquel ils ont droit.

Après avoir ainsi scrupuleusement satisfait aux règles de la civilité soudanienne, je m'empressais tout d'abord de faire nettoyer la case qui devait m'abriter jusqu'au lendemain, après quoi je me livrais à d'abondantes ablutions. Puis nous déjeunions ; une caisse comme table, deux caisses comme chaises ; toujours très simple et très court notre déjeuner. Après le déjeuner, la sieste ; malheureusement, les mouches ne la font pas en même temps que nous ; elles se montrent au contraire d'une activité dévorante Après la sieste, nouvelles ablutions. Nous mangeons de bonne heure le soir pour nous coucher de même et être bien dispos pour recommencer le même exercice le lendemain et les jours suivants.

Entre Kita et Bammako, un seul village mérite d'être signalé, c'est Koundou. Il s'étend au pied d'un mamelon qui mesure à peine 50 mètres de hauteur, mais qui semble un pic géant, parce qu'il se dresse tout seul au milieu de l'immense plaine uniforme et déserte. Il est onze heures quand nous gravissons péniblement les pentes de cette hauteur Nous allons trouver là haut un compatriote, c'est le télégraphiste qui tient le bureau reliant Kita à Bammako ; il nous reçoit de son mieux ; il est désolé de ne pouvoir nous donner du pain, voilà deux mois qu'il n'en mange plus, tandis que nous n'en sommes privés que depuis deux jours ; par contre il nous offre de délicieuses bananes, qui viennent en abondance dans cette partie du Soudan. Il y a des gens qui sont vraiment nés pour la solitude. Notre hôte est perché sur ce rocher depuis bientôt deux ans ; il n'a pour société qu'un domestique noir, un berger et un troupeau de moutons, et il n'a pas songé un seule fois à solliciter son changement. Comme je semble m'apitoyer sur son sort, il me rassure immédiatement. D'abord son télégraphe lui apporte à chaque instant des nouvelles de France : la moitié de la correspondance télégraphique du Soudan passe par ses mains ; et puis, si par hasard il lui arrive de s'ennuyer, vite il établit le courant avec Kita ou Bammako et il lance à son collègue ces simples mots : « Je m'ennuie ». Quelques secondes après il reçoit cette réponse : « Moi aussi. » Cette parole si consolante suffit à le distraire. La nature humaine est ainsi faite.

La morale à tirer de cette histoire, c'est que le télégraphe est une bien belle invention. Les nègres eux-mêmes, qui s'étonnent si difficilement, tant ils ont l'esprit épais et l'imagination atrophiée, ne peuvent s'empêcher d'admirer cette façon de se parler à distance. Je demandais une fois à l'un d'eux, quelles étaient de nos inventions celles qu'il trouvait les plus précieuses : il me répondit sans hésiter que c'était le télégraphe et le vinaigre de Bully. Cette réponse, qui ne manquait pas d'imprévu, me surprit moins pourtant qu'on ne serait tenté de le croire : je savais déjà que les noirs sont grands amateurs de parfumerie. En voici une preuve entre mille. Un jour, un officier voulant faire plaisir à un grand chef du Macina, partisan zélé de notre cause, lui envoie un flacon d'odeurs : c'était précisément du Bully. Le soir même, nous recevions en échange un bœuf superbe. Et que l'on ne croie pas qu'il ait voulu se montrer plus généreux que notre camarade, ce qui eût été contre les usages. A Bandiagara, où j'écris ces lignes, on pourrait se procurer un très bon cheval avec trois ou quatre flacons de bonnes odeurs ; avec cinq ou six flacons, on aurait facilement une femme, dans le sens le plus honnête du mot. Ici, à l'encontre de ce qui se passe chez nous, c'est le mari qui paie la dot de la femme, ce qui n'empêche pas les jeunes négresses de se marier, bien au contraire ; et elles ne savent pas encore ce que c'est que coiffer sainte Catherine.

Cette digression faite, je reviens à Koundou pour en repartir d'ailleurs immédiatement. Le 14 décembre, de bon matin, nous laissons ce bon télégraphiste à son télégraphe, après lui avoir confié un télégramme pour la France, et nous continuons notre route vers Bammako. J'ai déjà dit beaucoup de mal du pays, et il le mérite, mais je serais un ingrat si j'oubliais de signaler ici les merveilleux ombrages qui ont abrité la plus grande partie de notre marche pendant cette journée du 14 Toutes les plantes des tropiques, depuis le gigantesque baobab, jusqu'aux lianes infiniment minces et flexibles, semblent s'être donné rendez-vous ici pour former au-dessus de nos têtes une voûte épaisse et rafraîchissante où circule perpétuellement un léger souffle aux senteurs délicieuses. De pareils endroits ne s'oublient pas, tant ils sont rares : ce sont des oasis au milieu du désert. C'est là que les lions, les hyènes et panthères élisent le plus volontiers domicile. Nous n'avons pas la chance d'en voir, car ces fauves ne circulent guère que la nuit. Seulement quelques bandes de singes plus curieux viennent gambader joyeusement tout près de nous.

BAMMAKO

Le 18 décembre, à huit heures du matin, nous arrivions au sommet d'une longue crête montagneuse, gravie péniblement au pas monotone de nos vaillantes montures. Là, brusque changement de décor : le Niger étale à nos pieds, dans une large plaine, sa belle nappe argentée. Il faut me garder ici d'un enthousiasme que je serais facilement tenté d'exagérer. Que l'on se figure la joie que nous dûmes éprouver, après n'avoir bu pendant dix jours que l'eau boueuse des puits, à rencontrer cette masse d'eau courante et limpide. Pour ma part, je manifestai mon contentement d'une façon si bruyante que ce fut une explosion de rires chez nos tirailleurs. Il faut le reconnaître, il y avait aussi dans cette manifestation joyeuse une satisfaction d'amour-propre. Le Niger est un des plus grands fleuves du monde, le troisième, si je ne me trompe, et ma foi tout le monde n'a pas vu le Niger. Que ceux qui ne l'ont pas vu s'en consolent pourtant. Le plus grand mérite de ce fleuve, pour ne pas dire le seul, c'est d'être long, très long, et comme malheureusement on n'en peut voir qu'un tout petit morceau à la fois, il ne produit qu'un très médiocre effet sur le spectateur, à moins que celui-ci n'ait, comme nous, très soif d'eau claire. Encore, le point où nous allons l'atteindre, est-il un des endroits les plus riches et les plus fertiles de son cours supérieur. J'ai, depuis cette époque, suivi le Niger sur un assez long parcours : presque sur toute sa longueur j'ai trouvé les mêmes rives plates, sablonneuses et désolées.

Nous mettons une demi-heure à descendre le revers de la montagne. Déjà nous apercevons les murs du poste assis au bord du fleuve et qui fait de loin assez belle contenance. Nous y arrivons par une longue et large avenue, bordée d'une double rangée d'arbres qui seront peut-être géants dans l'avenir, mais qui pour le moment mesurent environ un mètre de hauteur ; les arrière-petits successeurs des habitants du poste y trouveront peut-être un ombrage. Ces habitants du poste sont : un capitaine d'artillerie commandant le cercle, et son adjoint, un lieutenant d'infanterie de marine. Je ne pourrai jamais dire assez de bien de nos hôtes et de leur hospitalité. Bref nous trouvâmes là si bon gîte et si bonne table que, de même qu'autrefois Annibal à Capoue, nous fûmes tentés de nous oublier dans les délices de Bammako, et que nous décidâmes d'y rester deux jours à nous reposer, bien que n'étant pas fatigués.

Jetons un coup d'œil rapide sur le poste, dont la construction, d'ailleurs très bien comprise, est due au capitaine Archinard, devenu depuis commandant supérieur du Soudan et général. Extérieurement, une enceinte rectangulaire et régulière percée de créneaux ; intérieurement, et adossés à deux des faces opposées du rectangle, se dressent deux corps de bâtiment à un étage avec balcon et véranda : l'un est le pavillon des officiers, l'autre celui des sous-officiers. Sur les deux autres faces, on a ouvert deux portes et construit les dépendances, corps de garde, cuisines, magasins. La cour du poste est peuplée de tout un petit monde d'oiseaux, d'espèces et de couleurs les plus variées. Un de ces volatiles mérite une mention spéciale : c'est l'oiseau-trompette, ainsi nommé à cause de son cri bizarre, que je ne saurais mieux comparer qu'au bruit de ces cornes dont on se sert à bicyclette ; il est encore plus étourdissant si c'est possible et tout à fait hors de proportion avec la taille de cet animal Son plumage n'est pas moins étrange que son cri ; rien que sa tête est partagée en quatre secteurs réguliers de couleurs différentes ; le reste est à l'avenant. Ce qui m'a surpris le plus peut-être dans cet oiseau, c'est sa démarche, qui consiste en un sautillement déhanché de l'effet le plus comique.

Le village de Bammako est certainement le mieux construit et le plus propre de tous ceux que j'ai vus au Soudan. Dès le soir de notre arrivée, nous allâmes le visiter. C'était justement un dimanche, et il y avait *tam-tam* devant la case du chef. Le tam-tam est le grand divertissement des noirs, c'est un spectacle composé de musique, de chants et de danse. L'orchestre est tenu par des gens qui forment une caste tout à fait à part : *les griots* ; ils sont à la fois musiciens, médecins, sorciers, etc. Le principal instrument de l'orchestre est une sorte de tambour, mais beaucoup plus haut et plus étroit que nos tambours de France ; les baguettes sont remplacées par une espèce d'énorme pilon avec lequel le virtuose doit frapper d'autant plus fort qu'il est meilleur musicien. Les autres instruments sont un triangle, à peu près semblable au nôtre, puis un instrument à cordes qui rappelle très vaguement la mandoline comme forme, mais pas du tout comme son, et enfin le balafon, sorte de clavier composé de petites planchettes de bois qu'on frappe avec un marteau et qui ont la prétention de rendre des sons variés. Il va sans dire que le tam-tam n'est précédé d'aucune répétition ; il est simplement annoncé à grands coups de tambour ; la foule accourt aussitôt, se range en cercle, et tout le monde s'assied par terre. Alors les musiciens commencent la représentation par un petit air énergique. Il n'y a pas de chef d'orchestre, chacun frappe sur son instrument pour son propre compte, sans s'inquiéter des autres. Puis voilà qu'un spectateur de bonne volonté se lève, s'avance au milieu du cercle et commence à se livrer à des contorsions et à des pirouettes particulièrement excentriques et accompagnées de grimaces non moins étranges ; les femmes et les enfants soutiennent son ardeur par des chants et des battements de mains, et la musique, et les pirouettes, et les chants vont *crescendo* jusqu'à ce que le bonhomme tombe épuisé et soit remplacé par un autre. Ce qui m'a peut-être le plus surpris dans ce spectacle, c'est de voir de quelle énergie sont capables, quand il s'agit de se distraire, des gens si foncièrement paresseux ; et cette réflexion m'est venue que les hommes sont un peu les mêmes sous toutes les latitudes et que du noir au blanc il n'y a souvent qu'une différence de couleur.

DE BAMMAKO A SÉGOU

Le 21 décembre, nous dûmes songer à reprendre notre marche, très agréablement interrompue d'ailleurs, et dire adieu à nos aimables hôtes.

Durant la saison d'hivernage, alors que le fleuve est grossi par les pluies, le trajet de Bammako à Ségou peut se faire tout entier par eau, mais à la fin de décembre les eaux sont déjà très basses et la navigation est rendue impossible, à quelques kilomètres en aval de Bammako, par un long seuil de rochers à travers lesquels glissent seulement quelques minces filets d'eau. Force nous est donc de faire encore trois étapes à cheval pour dépasser ce barrage et atteindre le village de Koulikoro, où nous devons trouver des pirogues qui nous conduiront jusqu'à Ségou.

Sur la rive gauche du fleuve que nous longeons, s'étendent de belles plantations de mil. Le terrain, admirablement fertilisé en cet endroit par les inondations de l'hivernage, se prêterait certainement à beaucoup d'autres cultures. Mais les nègres ne cultivent que le mil et un peu le riz. La culture du mil exige très peu de travail et de soin, c'est un avantage très appréciable pour ces gens qui mettent le suprême bonheur dans le sommeil et l'inaction. Le mil pilé et cuit à l'eau prend le nom de kousskouss et constitue leur unique et peu appétissante nourriture. Il ne faudrait pas leur tenir compte de cette frugalité comme d'une qualité, le noir est frugal par force, à moins qu'il ne soit musulman, auquel cas il peut être sobre par conviction, pour se conformer aux prescriptions du Coran. La plupart d'entre eux savent fort bien apprécier notre cuisine. Un jour, je m'amusai à faire goûter une de nos sauces à un tirailleur, il me traduisit l'intime satisfaction de son palais d'une façon très expressive : « Tout ce que noir fait y a pas bon pour blanc. Tout ce que blanc fait y a bon pour noir. »

Dans un village avant Koulikoro, je fis une rencontre curieuse. J'avais demandé le chef de ce village pour me faire donner un peu de lait. Quel ne fut pas mon ébahissement, en voyant arriver un nègre, ma foi, presque aussi blanc que moi et avec des cheveux rouges. Je ne pus résister à l'indiscrète curiosité de lui demander des explications sur son origine. Il m'assura qu'il était un des produits les plus purs de la race. Devant une affirmation aussi nette, je ne pus que m'incliner. Mais c'est égal : que l'on se figure l'effet produit dans un de nos ménages de France par l'arrivée d'un petit nègre bien crépu et couleur d'ébène. Quelle bonne histoire, n'est-ce pas, pour les voisins, amis et connaissances ? Quelle aubaine pour les journaux en quête de nouveau ! Et je serais bien certainement le seul à ne pas m'en étonner, moi à qui il a été donné de voir un vrai nègre tout blanc, avec des cheveux rouges.

Le 24 décembre, à six heures du matin, nous nous embarquions à Koulikoro, dans des pirogues faites de troncs d'arbre grossièrement creusés ; un petit toit en paille reposant sur des cerceaux de jonc nous protège tant bien que mal contre les brûlants rayons du soleil. Il faut se glisser là-dessous en rampant et puis rester bien sagement étendu sans bouger, sous peine de chavirer. J'avais eu la précaution de me munir d'une paillasse qui me servit à rembourrer le fond de ma pirogue. Dès que nous sommes installés, les *laptots* (1), un à l'avant et un autre à l'arrière, enfoncent dans l'eau leurs longues gaffes en bambou et nous voilà partis. Pour me distraire, j'ouvre un numéro du *Figaro* qui est du 24 octobre : ce ne sont pas là des nouvelles bien fraîches ; mais, après tout, le numéro du 24 décembre est-il beaucoup plus nouveau ? Ce sont toujours les mêmes questions, les mêmes événements, les mêmes discussions qui reviennent là dedans, sous des formes et avec des noms différents. Mais alors, me dira-t-on, pourquoi ne pas porter tous mes regards et toute mon attention sur ce pays, que je parcours pour la première fois ? Décidément, je suis un triste voyageur et je ne mérite pas la faveur insigne de circuler gratuitement sur les eaux de ce Niger que tant de mes compatriotes voudraient connaître. J'avoue que pour moi, au bout d'un certain temps, les bords du Niger, c'est comme les journaux : c'est toujours la même chose.

A sept heures du soir, les laptots ne veulent plus avancer : ils ont peur des hippopotames, qui nous ont déjà salués deux fois de leur cri lugubre de trompe marine. Il faut savoir que ces noctambules ont la manie de faire chavirer les pirogues, et cela avec la même aisance que nous retournons une coquille de noix. Nous accostons donc sur la rive droite et, après un sommaire repas, nous nous mettons en devoir de nous livrer au sommeil réparateur, pour nous reposer d'être restés trop longtemps couchés.

C'est la nuit de Noël. Je pense, à part moi, que je ne suis guère mieux dans ma pirogue que l'enfant Jésus dans son étable et que ni mages ni bergers ne daigneront venir me visiter. Noël ! Que ce simple mot évoque de souvenirs ! Que de

---

(1) Conducteurs de pirogue. Presque tous les riverains du Niger sont **laptots**.

douces joies il rappelle ! C'est toute l'enfance qui vous réapparaît comme dans un miroir magique. Et pour le voyageur exilé loin de la patrie, quel mot mieux que celui-là le reporte vers le pays et le foyer natal ? Mais la tradition de ces belles fêtes de famille se perd chez nous tous les jours davantage, et peut-être vaut-il mieux les voir, comme moi, de bien loin, telles que la mémoire et l'imagination me les représentent.

Notre voyage sur le fleuve se continue encore trois jours sans incident ni rencontre à noter, et le 27, à cinq heures du soir, nous atteignons Ségou-Sikoro.

SÉGOU-SIKORO

Le poste de Ségou s'élève sur la rive droite du fleuve, en amont du village, sur une terrasse de faible hauteur que les eaux atteignent à l'époque des fortes crues. Ce poste n'est autre chose que l'ancien tata du roi Amahdou, expulsé il y a deux ans par le colonel Archinard. Il était difficile de faire une habitation commode et élégante de cette construction lourde et massive en terre gris-jaune. Néanmoins, de grandes améliorations y ont été faites depuis que nous l'occupons. Ainsi la face nord qui regarde le fleuve, et qui n'était autrefois qu'un simple mur, présente maintenant un bâtiment central s'ouvrant au dehors sur un perron à double escalier et deux pavillons formant ailes ; les murs ont été dentelés et les toits sont surmontés d'une foule de petits clochetons en forme de pains de sucre, tels qu'on en voit sur les mosquées et qui achèvent de donner à cette face du bâtiment un incontestable cachet d'originalité.

Le capitaine L., de l'infanterie de marine, était venu au devant de nous au moment où nous débarquions, et il voulut bien se charger de nous piloter à travers notre nouvelle demeure. Il n'était que depuis quinze jours à Ségou, où il formait une compagnie de tirailleurs auxiliaires en vue de la colonne prochaine. C'est à la tête de cette compagnie qu'il tomba, le 12 avril, à l'assaut de Djenné, frappé mortellement d'une balle à la tête. Hommage à sa mémoire ! C'était un des jeunes capitaines de l'arme, il fût devenu plus tard un de ses meilleurs chefs.

On est un peu désenchanté quand on entre dans l'ancien palais d'Amahdou. Pour arriver chez les officiers, il nous faut suivre des couloirs bas et étroits, gravir des escaliers casse-cou qui ne valent pas une mauvaise échelle. Les logements des officiers consistent en des sortes de petites cellules, taillées grossièrement dans cet immense bloc de terre et s'ouvrant d'un côté par une fenêtre sur la cour intérieure, de l'autre par une porte sur une galerie assez spacieuse, mais qui donne encore plus de chaleur que de lumière. La seule chambre qui mérite ce nom est la salle commune, servant à la fois de salle à manger, salon, fumoir et bibliothèque. Cette pièce, qui tient toute la largeur du pavillon central, est très convenablement ornée et meublée, grâce à la générosité forcée de l'ex-roi Amahdou, qui, dans sa fuite précipitée de Ségou, ne put faire qu'un déménagement très sommaire. Tous les meubles, tables, fauteuils, les étoffes et les trophées d'armes qui tapissent les murs, viennent de lui ; il y a surtout un canapé en damas rouge qui fait notre admiration, c'est réellement un objet de luxe qu'un canapé en plein Soudan, et comme Amahdou a dû le regretter souvent ! On y est si bien assis !

Au bout d'une demi-heure, nous avions fait ample connaissance avec tous les officiers du poste ; outre le capitaine L. dont j'ai déjà parlé, il y avait là un capitaine d'artillerie commandant le poste, le médecin et trois lieutenants d'infanterie de marine, dont l'un, le lieutenant F., allait être mon commandant de compagnie. Je ne pouvais mieux réussir pour ma première campagne ; il se montra constamment aussi bon et dévoué camarade que chef énergique et consciencieux.

Le capitaine M. et moi nous fûmes logés en dehors du poste proprement dit, dans des bâtiments construits par la marine pour le personnel de la flottille du Niger, et nous n'eûmes garde de nous en plaindre ; les logements y étaient beaucoup plus spacieux et mieux aérés qu'au poste et je ne me souviens pas d'y avoir souffert un seul jour de la chaleur ; il est juste d'ajouter que les deux mois que j'ai passés à Ségou sont les meilleurs de l'année.

Mon installation ne fut pas longue : le temps de faire déposer dans un coin deux caisses de conserves et une caisse d'effets, tout ce que j'avais pu emporter avec moi, de faire placer dans un autre coin un tara, sorte de cage en bambou sur laquelle on place une paillasse et où l'on dort aussi bien que dans de l'acajou, et enfin de tendre une corde d'un mur à l'autre pour y suspendre mes effets, et ce fut tout : j'étais en garni. Il faut se garder de rien accrocher contre ces murs en terre : les termites dévorent tout, et même on doit avoir soin d'isoler ses caisses du sol, en les plaçant sur des bouteilles.

Deux jours après mon arrivée, l'interprète du poste m'annonça la visite du fama ou roi de Ségou, qui avait remplacé Amahdou sur le trône. Je fus prévenu de loin de son arrivée par les accords d'une musique étrange et discordante. Ses griots le précédaient, derrière lui venait sa garde ; les sofas, ou gens d'armes qui la composaient, marchaient dans le plus affreux désordre en brandissant de vieux fusils à pierre et en poussant leurs cris de guerre qui donnent assez bien l'idée d'une ménagerie en révolte. Arrivé devant ma case, le roi laissa tout ce monde à la porte et monta l'escalier accompagné seulement de son médecin et d'un autre personnage, quelque chose comme son premier ministre. J'allais vers lui en lui tendant la main droite qu'il prit entre les deux siennes, après quoi il porta gravement sa main droite à sa poitrine. Je fis alors avancer une caisse de conserves sur laquelle il s'assit, je pris l'autre pour moi, j'offris une place par terre au médecin et au ministre, et le palabre commença. Après m'avoir posé les questions d'usage sur ma santé et mon voyage, il me demanda des nouvelles du chef de Paris. Je compris qu'il voulait me parler de son collègue le Président de la République ; je lui répondis que celui-ci était très occupé, sans quoi il se ferait un grand plaisir de venir le voir à Ségou. Mais que le Président se rassure, ce que j'ai dit là ne l'engage à rien, quand bien même il aurait des loisirs. Le roi me raconta ensuite qu'il avait vu le chemin de fer à Saint-Louis et que çà allait vite, vite, ce que je savais déjà. Comme la conversation menaçait de devenir languissante, je crus que c'était le moment de me lever, ce qui voulait dire : « Je t'ai assez vu. » J'ai déjà expliqué qu'au Soudan cette forme est parfaitement reçue. D'ailleurs le roi, en me quittant, m'octroya son plus gracieux sourire ; puis le cortège se reforma pour s'en aller comme il était venu.

Le lendemain, sans plus attendre, je lui rendais sa visite. Il me répéta exactement et scrupuleusement tout ce qu'il m'avait dit la veille. Je me suis demandé alors s'il était idiot, ou bien si le protocole, plus rigoureux encore à sa cour qu'à l'Elysée, avait prévu et réglé d'avance ses conversations avec les officiers français. Quoi qu'il en soit, ce monarque m'a plutôt fait une bonne impression : il a une bonne tête de roi, très suffisante pour porter la couronne de Ségou. Il témoigne la plus vive sympathie à tous les Européens du poste et cherche toutes les occasions de leur être agréable. Chaque matin, il leur envoie du poisson, du beurre, des œufs en quantité. Dès les premiers jours, il a exigé de ses sujets qu'ils nous donnent en toutes circonstances les marques du plus profond respect, ce qui nous a dispensés de les exiger nous-mêmes. L'on s'aperçoit vite qu'on est loin de Saint-Louis, où il faut bousculer les noirs si l'on veut qu'ils vous cèdent le pas. Ici, quand un noir rencontre l'un de nous, il s'arrête, s'efface pour lui laisser tout le chemin, se découvre, si toutefois il a un couvre-chef, et s'incline profondément. S'il est à cheval, il quitte également le chemin, descend de cheval et salue. Ces honneurs, qui peuvent sembler excessifs, sont indispensables pour conserver notre prestige, et ce serait une faute grave de les laisser tomber en désuétude.

Le 31 décembre, à minuit, la salle à manger du poste était encore éclairée, par extraordinaire. Nous avions voulu fêter dignement l'avènement de l'année 1893. Une bouteille de vieux rhum trouvée au fond de nos caisses nous avait mis en bonne humeur. Lorsque l'aiguille de nos montres marqua minuit, nous entonnâmes un chœur patriotique avec accompagnement d'accordéon et de cor de chasse ; l'accordéon était tenu par notre cuisinier, un nègre tout à fait fin de siècle. Cette petite fête de famille en plein Soudan ne manquait certes pas d'originalité.

La compagnie où je servais n'était formée que depuis quelques jours, c'était une compagnie d'auxiliaires, engagés seulement pour la durée de la colonne, et il fallait mener l'instruction à la vapeur si l'on voulait être prêt. Nous n'étions que deux officiers pour suffire à cette besogne et je dus me borner à exercer les modestes fonctions de caporal. J'avoue que les débuts furent pénibles. Parler pendant des heures entières à des gens dont on ne connaît pas la langue et qui connaissent encore moins la vôtre n'est pas chose facile, en vérité. J'eus recours alors à la mimique, et je fus à même d'apprécier toutes les ressources de ce langage des gestes qui est bien le seul volapück pratique que l'on ait encore trouvé. Heureusement qu'à défaut d'autres qualités nos tirailleurs avaient tous très bonne volonté, si bien que, dès le 15 janvier, ils faisaient très convenable figure à côté des tirailleurs réguliers.

A cette date, nous vîmes arriver à Ségou douze officiers destinés à encadrer les nouvelles compagnies, ainsi que le commandant Q..., chargé d'une mission chez le roi Tiéba, dont les Etats, qui s'étendent au sud du pays de Ségou, ont pour capitale Sikasso, une des plus grandes cités du Soudan.

Ce fidèle allié, comme tous ceux que nous nous sommes déjà faits là-bas, le restera tant qu'il ne se jugera pas assez fort pour nous résister. Ma compagnie fut désignée pour servir d'escorte au commandant. Je passe rapidement sur cette marche, qui ne fut signalée par aucun incident marquant. Partout nous fûmes bien accueillis ; dans un seul village, nous dûmes nous procurer des vivres par la force.

A mesure qu'on s'avance vers le Sud, la végétation devient beaucoup plus riche, et le pays change sensiblement d'aspect. J'eus l'avantage, pour ne pas dire le désagrément, d'avoir à lever l'itinéraire de cette marche. Au risque de passer pour un topographe peu convaincu, j'affirme qu'il est bien préférable, sous ce soleil de feu qui vous aveugle dès huit heures du matin, de se laisser aller nonchalamment au pas endormant de sa monture plutôt que de manier la boussole et le crayon sans trêve ni repos. Arrivés à la frontière du roi Tiéba, nous rencontrâmes l'escorte de cavaliers qu'il avait envoyée au devant du commandant. Celui-ci prit donc congé de nous en nous remerciant, et le 5 février nous étions de retour à Ségou.

Durant tout le mois de février, l'emploi de mes journées ne varia guère. Le matin, exercice ; le soir, exercice encore. De temps en temps quelques promenades à cheval. Les officiers qui ont un fusil de chasse ne manquent jamais de le faire porter derrière eux par leur palefrenier. Il y a assez de gibier au Soudan pour qu'on puisse chasser sans chien et sans la moindre fatigue. En allant tranquillement droit devant soi, l'on est à peu près sûr de faire lever assez de pièces et à bonne portée pour ne pas revenir bredouille, à moins d'être un gros maladroit. Plusieurs officiers ont pris la bonne habitude de tirer à cheval; c'est un peu plus difficile, mais lorsqu'on est exercé, c'est infiniment plus agréable.

Le 7 mars, un gros événement : l'arrivée d'un convoi qui vient ravitailler le poste et qui nous apporte aussi les bagages que nous avions dû laisser en arrière, faute de porteurs. Quelle agréable surprise ! si toutefois l'on peut être surpris de recevoir ce que l'on attend depuis deux mois. Malheureusement, et il y a longtemps qu'on l'a dit, il n'y a pas de plaisir complet sur cette terre, pas plus à Ségou qu'ailleurs. Nous nous étions trop pressés de nous réjouir. Il nous manque la moitié de nos caisses, et dans quel état, celles qui nous arrivent ! Les caisses de vin sonnent presque toutes le verre brisé, et dans les autres, tout ce qui est sucre, chocolat, bougie, savon, se trouve fondu en une affreuse bouillie du plus désolant aspect.

Il ne pleut que deux fois par an au Soudan : la première en février ou mars, et ça dure quatre ou cinq jours : la deuxième de juin à octobre, et ça dure quatre ou cinq mois. En dehors de ces époques, les parapluies sont absolument superflus; il est juste de dire qu'ils ne le sont pas moins quand il pleut, car je ne crois pas qu'il en existe d'assez solides pour résister aux tornades de l'hivernage. Le 10 mars, le petit hivernage vient s'abattre sur Ségou. A peine l'orage nous est-il annoncé par quelques coups lointains de tonnerre, que d'immenses paquets d'eau, poussés par un vent violent, viennent se ruer avec fureur sur nos pauvres cases en terre qui n'en peuvent mais. En moins de deux heures, mon toit est défoncé ; je range mes caisses dans un coin qui me semble le moins endommagé, et, comme autrefois Noé sur le mont Ararat, je me hisse dessus pour échapper au déluge. Ce n'est que le petit hivernage. Que sera donc le grand ?

Le 14, le colonel Archinard arrivait à Ségou avec deux compagnies, un escadron de spahis et des canons. Ce fut aussitôt dans tout le poste une animation inaccoutumée. Nous nous empressâmes auprès de nos camarades des tirailleurs pour leur procurer une table et un gîte. Ils étaient déjà fatigués par une longue route ; et pourtant qu'était cela auprès de ce qui restait à faire ? La vraie colonne allait seulement commencer, et qui pouvait savoir jusqu'où elle nous mènerait ?

EN COLONNE

La colonne devait quitter Ségou le 22 mars au matin, mais dès le 20 à midi, ma compagnie recevait l'ordre de partir en avant, chargée d'une mission spéciale. Tandis que la colonne suivrait à peu près la direction du Sud, nous allions pousser une reconnaissance à trois journées dans le Sud-Est, dans une région où avaient eu lieu des troubles récents que le résident d'alors, ne disposant pas de forces suffisantes, n'avait pu réprimer comme il aurait fallu. Notre reconnaissance avait pour but de renseigner exactement le colonel sur les sentiments actuels de ces populations à notre égard; nous devions recevoir les soumissions des villages qui viendraient à nous, nous garder prudemment dans le voisinage des villages hostiles, mais ne pas attaquer. Ces villages étaient tous bien fortifiés, et tenter sur eux une attaque de vive force, avec notre petite troupe, eût été folie. Le colonel se réservait le soin de venir les mettre à la raison. D'ailleurs la nouvelle de l'arrivée de la colonne nous précédait déjà de quelques jours et avait singulièrement refroidi les cerveaux les plus exaltés, il était donc à présumer que nous serions peu inquiétés dans notre marche.

Le 20, à quatre heures du soir, notre petite colonne sortait du poste. Nous n'emmenions que quinze porteurs et six jours de vivres; en marchant bien, nous devions rattraper la colonne le septième jour. Jusqu'à Touna, où nous couchâmes le 22, nous fûmes partout bien accueillis; partout nous trouvâmes en abondance lait, œufs, poules, moutons; c'est là l'avantage de marcher isolément et en avant d'une colonne.

Le 23, nous tournâmes franchement à l'Est, pour entrer dans notre zone de reconnaissance. Cette journée de marche du 23 peut compter parmi nos plus dures. Elle s'était bien annoncée, pourtant. Au début, de bons chemins, une belle végétation, qui nous semblait devenir plus riche à mesure que nous avancions, de beaux grands arbres presque aussi beaux que ceux qu'on voit sur ces images qui font le plus bel ornement de certains livres de voyages ; mais bientôt le décor change, les plantations de mil disparaissent, les arbres se rabougrissent, et il ne reste plus rien devant nous qu'une immense plaine désolée. Notre guide, intentionnellement ou non, nous avait fourni de faux renseignements. Nous avions compté atteindre à dix heures un gros village appelé Ouassasso, et à onze heures nous marchions toujours vers ce point imaginaire que notre guide s'obstinait à nous montrer et que nos yeux s'obstinaient à ne pas voir. Nos tirailleurs étaient harassés, nous leur demandons encore un effort ; il vaut encore mieux marcher que s'arrêter sous ce soleil de feu. Ce sont de braves gens que nous avons là : engagés depuis trois mois à peine, ils se montrent vaillants comme de vieux soldats, ils secouent gaillardement les trente kilomètres qu'ils ont dans les jambes et les voilà repartis, la tête haute et le jarret tendu. Enfin, à midi, nous distinguons un faible mouvement de terrain : c'est là derrière, paraît-il, qu'est Ouassasso. Nous en avons bientôt la certitude par le fils du chef de ce village, qui vient nous trouver de la part de son père vieux et infirme pour nous apporter sa soumission. Il est une heure de l'après-midi quand nous arrivons devant le village : nous marchions depuis trois heures du matin.

OUASSASSO

Ouassasso est un gros village ou mieux un groupe de cinq villages fortifiés qu'on appelle des *tatas*. Les murailles hautes et épaisses, percées d'une double rangée de créneaux, indiquent assez que ces gens-là avaient l'intention de se défendre ; mais quand ils ont appris que les *Toubab* [1] avaient

---

(1) Les blancs.

des *gros fusils* qui pouvaient casser tout ça comme du verre, ils ont préféré se soumettre. Le fait est que, sans la crainte salutaire de l'artillerie toubab, nous ne serions pas en ce moment tranquillement installés, à quelques pas du village, au pied d'un superbe tamarinier qui étale au-dessus de nos têtes son immense ombrelle de feuillage. Aussi ne sommes-nous pas dupes un seul instant des protestations et démonstrations amicales du vieux chef qui est venu nous saluer, suivi de son brillant état-major, un troupeau de nègres en guenilles, à la face carrée et bestiale, signe distinctif de la race *bambara*. A peine pouvons-nous saisir, sur ces visages impassibles, un certain air de méfiance à notre égard, et bien certainement ils ne sont qu'à moitié rassurés.

Tout ce monde-là s'assied autour de nous et le palabre commence entre le lieutenant F... et le chef. Les conditions qu'on lui impose ne sont pas dures. Il paiera régulièrement l'impôt à Ségou et, en attendant, il va faire donner de suite à nos tirailleurs de l'eau et du kousskouss en abondance. Il nous a déjà fait cadeau d'un mouton. Pour reconnaître cette attention, nous avons l'idée de lui confectionner une tartine de confitures avec le fond d'un pot qui est resté sur notre table. Il la trouve délicieuse et, comme les noirs ne sont pas égoïstes, c'est une justice à leur rendre en passant, il la partage aussitôt avec tous les gens de sa suite. C'est alors un concert de claquements de langues des plus expressifs, qui fait grand honneur à notre épicier : celui-là peut se vanter, je crois, de détenir, grâce à nous, le record de la réclame à distance. Comme je voulais allumer ma pipe, je frottai une allumette suédoise sur la boite : ce fut un ébahissement général quand jaillit la flamme. Je fis cadeau au chef d'une de ces boîtes. Comme tout à l'heure, il voulut partager, ne se doutant pas que ces allumettes ne prennent que sur la boite, et tous alors de s'escrimer en vain, qui sur une pierre, qui sur du bois : c'était d'un comique achevé ; ils crurent un instant que j'avais seul le don d'enflammer ainsi ces petits morceaux de bois. Ensuite, ce fut au tour de nos montres d'exciter leur admiration ; le tic-tac surtout les intriguait, ils ne se lassaient pas de les coller à leur oreille pour entendre ce bruit. Ils nous dirent qu'il devait y avoir dedans une petite bête et leur surprise fut encore plus grande quand nous les ouvrîmes de n'y pas trouver la petite bête en question. Nous avions emporté de Ségou un cor de chasse qui eut aussi son succès. Un petit air de musique termina la séance et quand ils se levèrent ils étaient bien convaincus cette fois, malgré leur vanité de nègre, de la supériorité des toubab et qu'il était bien inutile de venir s'attaquer à des sorciers de notre force.

Notre journée, déjà bien remplie, n'était pas terminée pourtant. Nous dûmes faire encore une heure de marche pour atteindre Nyabasso, un village ami où nous avions installé, au mois de décembre précédent, un petit fortin occupé justement par une section de ma compagnie. Nous devions prendre cette section en passant et faire évacuer complètement le poste, qui n'avait plus d'utilité, maintenant que la colonne était là. Nous demeurâmes à Nyabasso toute la journée du lendemain pour prendre des renseignements sur le pays et donner à nos tirailleurs un repos qu'ils avaient bien gagné.

KASSANKASSO

Le 25, de bon matin, nous quittions Nyabasso. Abandonnant cette fois la direction Est nous allions, par un brusque crochet vers le Sud-Ouest, rejoindre la route suivie par la colonne. Notre compagnie était maintenant plus forte d'une section, mais ces tirailleurs qui venaient de se joindre à nous emmenaient avec eux leurs femmes et leurs enfants, que nous ne pouvions laisser derrière nous sans les exposer à être faits captifs par les villages voisins. Cette smala, relativement nombreuse, allait rendre notre marche plus lente et plus difficile, et juste au moment de traverser la région la plus hostile. Déjà Kassankasso, le premier village que nous devons rencontrer, nous a fait savoir qu'il refuse de se soumettre et même, par une aimable attention, le chef nous a conseillé, par l'entremise de son envoyé, de ne pas passer trop près de ses domaines. Il va sans dire que ces menaces n'eurent pas le don de nous intimider; mais, comme les instructions formelles du colonel nous défendaient d'attaquer, nous dûmes quitter le chemin un peu avant d'arriver au village, pour tourner celui-ci par le Sud et venir nous établir en face du tata principal, à la distance respectable d'environ 400 mètres. La compagnie se forma alors en carré, les bagages et les femmes au milieu, et nous dépêchâmes notre interprète en parlementaire, pour signifier notre ultimatum aux habitants. L'interprète fut mal accueilli : on le menaça, s'il insistait, de lui faire un mauvais parti et il fut chargé de nous dire que nous avions à déguerpir au plus vite. Ces énergumènes ne doutaient décidément de rien, et ils ne songeaient même pas que, nous conseiller de partir, c'était le meilleur moyen de nous faire rester, et nous restâmes. Je m'avançai même, avec le lieutenant F..., jusqu'à 150 mètres du tata, et, mes jumelles d'une main, le crayon de l'autre, je pris tranquillement le plan du village. Cette curiosité intempestive parut les exaspérer considérablement. Les murs se garnirent rapidement de défenseurs, criant et gesticulant dans un désordre indescriptible. Le contraste était curieux entre ces sauvages en délire et nos tirailleurs, pourtant de la même race, qui, derrière nous, l'arme au pied, silencieux et attentifs, se tenaient prêts à répondre à la moindre provocation. Lorsque mon croquis fut terminé et que nous eûmes jugé suffisante notre démonstration, la compagnie reprit, sans se presser, sa formation de route et par un nouveau détour vint rejoindre, de l'autre côté du village, le chemin qu'elle avait quitté un instant.

A 6 kilomètres de Kassankasso, nous nous trouvâmes arrêtés par un marigot (1) large de 8 à 10 mètres. Les premiers tirailleurs qui voulurent passer perdirent pied au milieu ; en vain nous cherchâmes un gué en amont et en aval ; il ne fallait pas songer à faire un pont, les matériaux et les outils manquaient. Alors notre commandant de compagnie donna l'exemple : il se jeta résolument à l'eau où ses officiers le suivirent aussitôt et il ordonna de commencer le passage. En nous maintenant à la nage à l'endroit le plus profond, nous fîmes passer successivement, en les soutenant, porteurs, femmes, enfants et ceux des tirailleurs qui ne savaient pas nager. L'opération était presque terminée et avec le plus grand succès, car aucune caisse n'avait touché l'eau, aucune cartouche même n'était mouillée, lorsque tout à coup un de nos sergents européens nous crie : « Voilà Kassankasso qui arrive. » En effet, nous pouvons apercevoir, au fond de la plaine, un nuage de poussière qui va grandissant et s'approchant très vite. Bientôt nous distinguons des cavaliers nombreux, lancés à toute allure. A ce moment, les derniers tirailleurs passent : il était temps. Quelques minutes plus tard nous étions pris entre cette cavalerie et le marigot, et cette irruption subite sur nos derrières pouvait semer la panique parmi les femmes et les porteurs et transformer ce passage du marigot en une véritable déroute. Aussitôt trois sections sont postées à genoux, abritées derrière les buissons qui bordent le marigot, et attendent que l'ennemi se présente à portée convenable pour le cingler de quelques bonnes salves. Avec la 4ᵉ section, je suis chargé de faire filer le convoi le plus vite possible. A une demi-heure plus loin, je dois trouver un village ami, où je pourrai le mettre en sûreté, mais je suis menacé sur ma gauche et de très près par un village rebelle qui pourrait bien accourir au bruit de la fusillade et tenter de m'enlever le convoi. A peine ai-je fait quelques pas que le feu commence du côté du marigot. J'ai

---

(1) Petite rivière.

l'ordre, si ce feu continue longtemps, de retourner en arrière pour appuyer les trois autres sections ; mais, après trois ou quatre salves, tout se tait. Ces fougueux cavaliers ont tourné bride et s'en vont plus vite encore qu'ils n'étaient venus. Ils avaient compté nous cueillir aisément quelques traînards ou fuyards et c'étaient eux qui laissaient quelques-uns des leurs sur le terrain. L'endroit pourtant avait été bien choisi pour cette surprise, mais, comme les carabiniers d'Offenbach, ils étaient arrivés trop tard. Nous pûmes donc rejoindre en toute sécurité Djedalla, le village ami où nous devions passer la nuit. Les cadeaux traditionnels, poules, œufs, moutons, nous arrivèrent en abondance, nos hommes purent se réconforter tout à leur soûl.

L'étape du lendemain fut longue, mais s'accomplit sans difficulté et sans aucun incident. A onze heures, nous atteignions Bla. La colonne y était déjà campée, elle ne nous avait devancés que d'une heure. On ne s'attendait pas à nous voir si vite paraître. Nos tirailleurs avaient admirablement marché, et nous n'avions eu ni traînard ni éclopé.

KENTIERI

Le 27 mars, la colonne, au complet cette fois, quittait Bla. Avec une colonne aussi nombreuse, traînant à sa suite un long convoi d'ânes et de porteurs, on marche lentement et on se fatigue vite. Nous devions atteindre le jour même Kentieri, un gros village qui méritait une bonne correction pour avoir incité à la révolte tout le pays d'alentour. Il compte au moins vingt tatas, mais un seul, le plus grand, est sérieusement fortifié. Les habitants, résolus à une défense désespérée, se sont tous enfermés là-dedans avec leurs troupeaux et de gros approvisionnements en riz et mil. Il est midi quand nous arrivons en vue du village : nous venons nous arrêter à 600 mètres environ au sud du tata principal. A ce moment, du haut des murailles grouillantes de monde part une immense et étourdissante clameur d'injures et de menaces : tous les animaux de la création réunis ne pourraient faire entendre un plus épouvantable concert. Nous nous attendions d'ailleurs à cette réception peu amicale. Nous savions même que leurs griots, sortes de devins initiés à la science des fétiches et rendant des oracles, les avaient, depuis la veille, fanatisés à l'extrême en les soûlant avec du *dolo* (1). Bien mieux, ils leur avaient fait accroire qu'en poussant par trois fois ce fameux cri de guerre que nous venions d'entendre, ils allaient nous faire tomber tous, blancs et noirs, sur le dos comme par enchantement. Ils purent croire un instant avoir réussi, car à peine les faisceaux formés, nos tirailleurs, las de cette longue marche, n'eurent rien de plus pressé que de s'allonger à terre avec un ensemble parfait ; mais la méprise ne dura pas longtemps Nous avions, nous aussi, de bons griots, nos artilleurs, et, en guise de fétiches, deux bonnes pièces de 95 qui avaient été de suite mises en batterie. Boumm !!! c'est le premier obus qui part : il traverse l'épais rempart aussi aisément que si c'était du beurre et va éclater de l'autre côté avec un fracas épouvantable ; et aussitôt toute cette bande de singes en furie de disparaître d'un bond derrière les murs, bien faible abri contre nos pièces, qui continuent sans interruption leur tir précis, inexorable. Maintenant, ils se taisent dans le village. Voilà qui a su les calmer, ou bien, plutôt, l'affolement leur ferme la bouche. Mais il serait injuste de ne pas signaler ici quelques braves parmi eux, qui eurent l'audacieuse folie de venir, entre deux coups de canon, essayer avec de grosses poutres arrachées aux maisons, de boucher le trou fait par le dernier projectile. Nous ne voyons pas le drame terrible qui se passe derrière ces murs, mais nous le devinons sans peine. Avant la nuit, le colonel change l'emplacement de sa batterie et l'installe à l'est du village, où il va commencer

---

(1) Boisson fermentée qu'on tire du mil.

une nouvelle brèche pour l'assaut du lendemain. Pendant la nuit, le bombardement continue, mais à intervalles irréguliers, pour énerver davantage la défense. Cette nuit-là, je dormis peu et même pas du tout. D'abord, il n'est pas aisé de dormir avec un 95 qui tonne à quelques mètres de vous, et puis surtout, je ne pouvais m'empêcher de penser à cet assaut du lendemain, qui serait ma première affaire. Mais, au soleil levant, quelle déception pour tous! Les habitants, pendant la nuit, ont évacué la place. Adieu l'assaut et les combats! Nos canons ont fait trop bonne besogne. Quant au colonel, il est enchanté : il n'a même pas essayé d'arrêter dans leur fuite tous ces gens dont il n'aurait que faire. La leçon reçue peut compter pour bonne. Ce résultat satisfaisant ne nous a pas coûté la plus petite perte et il y a, dans le village, une forte part de butin pour chacun de nos tirailleurs.

MPESOBA

Mpesoba, un autre village auquel nous avions deux mots à dire, est à six kilomètres seulement dans l'ouest de Kentieri. Là aussi, ils avaient bien juré de ne faire de nous qu'une bouchée, mais le bruit de la canonnade et le récit des fuyards de Kentieri les avaient fait réfléchir, chose extraordinaire pour les noirs, et, lorsque la tête de colonne arriva, le 29 au matin, près du village, elle trouva le chef qui venait, à genoux, implorer le pardon du colonel. Comme celui-ci avait, dès la veille, de Kentieri, fait lancer un obus au jugé dans la direction de Mpesoba pour annoncer notre visite aux habitants, le chef commença par le remercier « d'avoir bien voulu faire tomber cet obus à côté de son tata et non dessus (*sic*). » On ne pouvait rendre plus délicatement hommage au *flair* infaillible de nos artilleurs. Toutes ses belles protestations ne l'empêchèrent pas, d'ailleurs, d'être à l'amende de vingt chevaux et d'autant de bœufs : ce n'était pas vraiment payer trop cher notre dérangement. En outre, la colonne allait s'installer dans le village et devait s'y approvisionner en riz et mil ; mais le pillage était interdit. Le soir même, un spahi, qui, abusant des droits du vainqueur, voulait attenter à la vertu d'une jeune négresse du village, fut tué d'une flèche empoisonnée par le protecteur de cette vierge noire. Nous pûmes, à cette occasion, juger des effets foudroyants de ce poison, le *strofantus,* l'arme la plus redoutable des Bambaras. Dans cette région du Miniankala, l'on rencontre plusieurs variétés de strofantus, et en quantité considérable. C'est un arbuste à branches retombantes dont la feuille ressemble beaucoup à celle du lierre, le fruit est une gousse jaune double qui renferme un grain à barbe. C'est ce grain qui fournit le poison. Les noirs écrasent ces grains, en font une bouillie avec de l'eau et font cuire ce mélange jusqu'à ce qu'il présente la consistance et l'apparence de cette confiture que nous appelons le raisiné. C'est dans cette préparation qu'ils trempent le dard de la flèche. Le poison n'a toute son énergie que s'il est fraîchement préparé ; aussi, les noirs ne trempent-ils leurs flèches qu'au moment de s'en servir. Nous trouvâmes dans le village de nombreuses calebasses remplies de ce poison, préparé sans aucun doute à notre intention

La colonne demeura trois jours à Mpesoba pour y attendre le paiement de l'amende et aussi des ravitaillements en vivres qui arrivaient de Ségou.

Le 1er avril, nous faisons demi-tour vers le Nord-Est pour marcher sur Kassankasso, ce village avec lequel ma compagnie a eu maille à partir quelques jours auparavant. La première étape nous conduit à Petiona. Nous trouvons les portes ouvertes et le tata abandonné. Certes, je comprends que les habitants n'aient pas tenté la résistance, mais il faut qu'ils n'aient pas la conscience bien tranquille pour n'avoir pas osé nous attendre et offrir leur soumission. Comme officier de jour, je fus chargé, avec une patrouille, de fouiller le village, fouille peu fructueuse en vérité. Je ne trouvai que quelques vieilles femmes, accroupies devant leurs portes, le menton appuyé sur leurs genoux pointus et dont une mauvaise loque recouvrait à peine les carcasses maigres et hideuses. Elles me regardèrent passer avec des yeux vagues et hébêtés, sans qu'il fût possible de saisir sur ces physionomies impassibles la moindre impression de haine ou de crainte. Je ne crois pas qu'il puisse se rencontrer nulle part ailleurs plus grande dégradation physique et morale. J'éprouvai à cette vue un étrange saisissement de pitié, car je pense qu'entre tous les êtres humains, ceux-là sont les plus à plaindre qui ne peuvent même plus souffrir. Je constatai que les greniers à mil étaient à peu près vides ; il n'y avait pas une seule tête de bétail dans tout le village, les habitants avaient tout emmené avec eux; ce dont on ne pouvait raisonnablement pas les blâmer. Mais nous n'avions plus rien à faire en cet endroit et les ordres furent donnés pour partir le lendemain. Dans la soirée, un espion, que l'on avait fait accompagner par quelques tirailleurs, ramena au colonel cinq prisonniers de marque, les principaux instigateurs de cette révolte partielle du Miniankala. Ma compagnie fut chargée de les exécuter. On les conduisit à 300 mètres du camp : là, deux balles dans l'oreille à chacun d'eux et ce fut tout.

Le 2 avril, nous marchons vers Dougoulo. Ma compagnie est d'arrière-garde : c'est un service des plus pénibles. Il faut, à chaque instant, faire serrer les porteurs et les ânes. Les ânes surtout sont intraitables ; je croirais volontiers qu'ils ont encore plus mauvais caractère ici qu'en France. Quand il arrive que l'un d'eux trouve sa charge gênante, le voilà aussitôt parti à gambader et à ruer jusqu'à ce qu'il l'ait déposée à terre, et les autres, naturellement, d'imiter son exemple. C'est un désordre indescriptible et une grosse perte de temps, sans compter la casse. Ce jour-là, une compagnie arriva à l'étape deux heures après la tête de colonne.

Déjà, au mois de décembre 1892, une compagnie de tirailleurs avait été envoyée, de Ségou, contre Dougoulo. Pour réduire les deux grands tatas bien fortifiés, où s'étaient enfermés les habitants, c'était une force insuffisante. Cependant, nos tirailleurs avaient fait bonne contenance, l'ennemi avait éprouvé des pertes assez sensibles, mais la leçon était à recommencer et c'est pour cela que nous étions là. Nouvelle déception! Comme à Petioua, les gens du village ont préféré s'enfuir plutôt que de s'exposer à être pris dans leur tata comme dans une souricière, ce qui leur serait arrivé infailliblement avec les forces dont nous disposons. A l'entrée du village, nous pouvons encore reconnaître les traces de la lutte vive que nos tirailleurs y ont soutenue quelques mois auparavant. Çà et là, des pans de mur renversés, des cases défoncées montrent bien que l'unique pièce de 4, qui composait toute leur artillerie, n'avait perdu ni son temps ni ses projectiles.

RETOUR A KASSANKASSO

Kassankasso tiendra-t-il? Telle est la question que nous nous posons tous avec une impatience bien légitime, le lendemain 3 avril, tandis que nous marchons vers ce village. Déjà nous apercevons, à travers les arbres grêles et clairsemés de la brousse, la teinte grise des murailles. A mesure que nous avançons, nous distinguons plus clairement les contours de cet immense pâté de tatas, hauts et massifs, dont l'enceinte fortifiée présente un aspect presque imposant. Mais, où sont les défenseurs? La colonne maintenant est tout près du village et personne ne se montre Bientôt le bruit circule qu'ils se rendent. Nous leur avions vraiment fait trop d'honneur en supposant qu'ils allaient se défendre. Il sont courageux à vingt contre un, comme le jour où ils ont fermé leurs portes à ma compagnie. J'enrage de cette soumission. Pourtant une petite satisfaction m'était réservée qui allait calmer ma bile et me dérider bien à propos.

Au moment où la colonne s'arrêtait, un interprète me montra un individu qui courait vers nous, tout essoufflé, tenant dans chaque main un poulet et poussant devant lui un mouton ; il me dit que c'était le chef des Kassankasso. Je m'amusais déjà considérablement de voir un si important personnage en si grotesque équipage, lorsque tout à coup, faisant un faux pas, il vint s'étaler de tout son long à terre, le nez dans le sable, juste à hauteur de ma compagnie. Du coup, la gaîté de mes tirailleurs ne connut plus de bornes ; et moi de faire chorus avec eux bien entendu. Ce n'était peut-être pas fort spirituel, mais il faut avouer que ce n'était pas non plus très méchant à l'égard d'un ennemi qui nous avait voulu bien autre mal. Lorsque mon hilarité se fut calmée, je ne pus m'empêcher d'admirer cet à propos merveilleux du hasard qui venait de faire mordre la poussière, juste à nos pieds, à celui qui s'était montré si arrogant avec nous quelques jours avant.

Après cette soumission, la question de Miniankala est réglée. Nous avons maintenant un autre chien à fouetter, c'est Amahdou, l'ancien roi du Macina, qui commande à la grande secte religieuse et guerrière des Toucouleurs. Au mépris d'un traité qui le plaçait sous notre protection, il a entrepris un beau jour de se débarrasser de notre tutelle et n'a réussi qu'à se faire chasser de sa capitale et déposséder de la plus grande partie de ses états. Il s'intitule orgueilleusement *le chef des Croyants*. Il a rassemblé et fanatisé tous ses fidèles, qui se préparent à une défense désespérée. Par Mahomet ! tant mieux ! Ça nous changera un peu.

MARCHE SUR DJENNÉ

Le 4 avril, nous atteignions Fani. Nous n'étions pas à plus de deux heures de marche du Bani, un gros affluent de droite du Niger qui va tomber dans ce fleuve à environ 150 kilomètres dans le Nord-Est. Djenné, l'objectif principal de la colonne, est dans l'angle formé par le Niger et le Bani. Nous allions suivre, pendant six jours encore, la rive droite de ce dernier cours d'eau, que nous devions franchir à Touara, d'où une étape nous conduirait à Djenné. Toute cette région me parut beaucoup plus pauvre et moins cultivée que certaines parties du Haut-Niger, du côté de Bammako par exemple. Les habitants y sont encore moins cultivés et moins couverts que le sol. Cependant, même dans cette région si dénudée, il était rare que nous ne trouvions pas quelques beaux arbres pour abriter notre campement. Ces arbres hospitaliers, que nous rencontrions avec tant de plaisir, étaient surtout des tamariniers et des fromagers ; nous vîmes aussi des rôniers en quantité considérable. Cet arbre, qui est de la famille des palmiers, donne très peu d'ombrage, mais il offre cette particularité que le tronc va en s'amincissant vers sa base ; en outre, ses feuilles, qui sont disposées en éventail, produisent, en s'entrechoquant, un son métallique très caractéristique ; son fruit, très gros, blanc et croquant, n'a pas mauvais goût, il n'en a même aucun ; plusieurs d'entre nous le mangeaient en salade, ça valait toujours mieux que rien.

San, où nous vînmes camper le 7, ne ressemble pas du tout à ces misérables villages que nous venons de traverser. C'est une petite ville presque propre, dont les cases, les unes en terre, les autres en paille, sont plantées en amphithéâtre sur le flanc d'une petite colline qui se dresse à droite de notre route ; en haut, au dernier plan, s'élève assez prétentieusement une vieille mosquée d'une médiocre architecture ; çà et là quelques palmiers qui complètent assez heureusement ce décor exotique. San est une ville libre. C'est un marché important. Les transactions commerciales aussi bien que les luttes perpétuelles du Macina y ont amené des gens de toutes races et de toutes contrées. Musulmans et Fétichistes, Peuhls, Sarracolets, Diennenkès, Bambaras, vivent là en bonne intelligence. Les Sarracolets, qui forment la race la plus intelligente du Soudan, sont parvenus à faire prédominer leur influence au détriment des Peuhls, race primitive et premiers occupants. Les Bambaras sont ces gens avec qui nous venons d'avoir affaire dans le Miniankala. Un explorateur français, Soleillet, a appelé les Bambaras les auvergnats du Soudan ; cette comparaison est bien un peu risquée, en tous cas, elle est peu flatteuse pour nos compatriotes d'Auvergne.

Le 8, nous passons devant Nénéma. C'est San en petit. Comme à San, les habitants sont très convenablement vêtus ; quelques-uns ont même l'air cossu, ce sont des commerçants ou *diulas*. Ils viennent tout près de nous, sans la moindre défiance. Au fond, ces gens-là sont enchantés de nous voir ici ; ils viennent d'être rançonnés tant et plus par les Toucouleurs d'Amahdou et nous sommes, pour ces volés, de bons gendarmes qui allons pincer et punir les voleurs. Ce jour-là, nous campons à Koro. Avant la nuit, nous formons le carré, le convoi et les porteurs au milieu ; nous entrons en pays tout à fait hostile et il faut s'attendre, d'un moment à l'autre, à une surprise : l'on ne saurait trop se garder. Et, en effet, le lendemain 9, vers le milieu de l'étape, les cavaliers Toucouleurs nous sont signalés par l'escadron de spahis détaché en avant-garde avec la 6ᵉ compagnie de tirailleurs. Le 10, nous rejoignons cet escadron à Touara ; les officiers nous apprennent qu'ils ont donné la chasse à quelques cavaliers Toucouleurs dont trois sont restés sur le terrain, les autres ont dû aller s'enfermer dans Djenné. Touara est un petit village construit sur un promontoire qui commande la rivière d'une hauteur de sept à huit mètres : de loin ce village produit son petit effet, de près il est très sale et sent très fort le poisson pourri, comme tous les villages de pêcheurs.

Le passage du Bani commence aussitôt. Les pirogues, réquisitionnées dès la veille, sont en nombre suffisant et l'opération s'effectue sans accident en moins de deux heures ;

mais ces deux heures sont un siècle pour ceux qui passent les derniers et qui doivent attendre leur tour, immobiles et sans abri sous le terrible soleil de midi Sur l'autre rive, nous trouvons quelques arbres et de l'ombre ; encore cette ombre est-elle à 42 degrés.

Le soir de cette journée, qui pouvait déjà compter pour deux, ma compagnie reçoit l'ordre de se porter à quatre ou cinq kilomètres en avant sur la route de Djenné, pour couvrir la route de ce côté. Pendant cette marche, nous sommes harcelés sans trêve, mais d'assez loin, par les cavaliers Toucouleurs ; ils paraissent et disparaissent, toujours insaisissables dans ce perpétuel et énervant va-et-vient : ils attendent la nuit pour tenter une surprise ; c'est là aussi que nous les attendons. Après une heure de marche, nous découvrons à droite de la route un bon emplacement pour bivouaquer : le terrain est suffisamment découvert et permet de tirer aussi loin au moins que nous laissera voir le clair de lune, qui ne semble pas vouloir cette nuit nous être favorable. La compagnie forme aussitôt le carré : des sentinelles sont détachées en avant sur les quatre faces ; les tirailleurs s'étendent dans leur couverture, le fusil entre les bras. Il est interdit de faire le moindre feu, et les porteurs sont prévenus que le premier qui bronche en cas d'alerte est un homme mort. Un tour de veille est établi entre les officiers, mais pour la forme, car nous veillons tous les trois. Nous sentons bien que l'ennemi est là tout près, derrière les premiers arbres, guettant l'instant propice.

Notre pressentiment allait se réaliser. Entre minuit et une heure, je faisais une ronde sur la ligne des sentinelles, je venais de répéter les consignes à l'une d'elles et j'avais à peine tourné les talons pour continuer ma ronde, quand tout à coup cette même sentinelle se mit à crier : « Aux armes ! » Une sagaie (1) venait de traverser de part en part son bou-

---

(1) Petite lance que les noirs emploient comme arme de jet.

bou (1) juste au-dessous de l'aisselle et était restée accrochée dans l'étoffe. Elle avait été lancée d'une main sûre ; mais celui qui l'avait lancée, si habile fût-il, avait dû s'avancer tout près des sentinelles, n'eût-ce été qu'à cause de l'obscurité qui empêchait, à ce moment là, de voir à dix pas. Je l'avais échappée belle et la sentinelle encore plus. Il va sans dire qu'au premier cri poussé toute la compagnie s'était dressée comme par enchantement et attendait l'arme au pied. Nous entendîmes quelques galops précipités qui se perdirent rapidement dans le lointain. Les Toucouleurs étaient déçus, ils avaient compté sans notre vigilance ; leur coup était manqué. Le matin, à cinq heures, l'avant-garde de la colonne nous rejoignait et nous y reprenions notre place. En avant sur Djenné !

ASSAUT DE DJENNÉ

Ma compagnie marche à l'avant-garde, précédant la colonne d'environ 500 mètres ; les spahis nous encadrent, fouillant soigneusement la brousse à droite et à gauche du chemin : le terrain, très couvert par endroits, pourrait bien cacher une embuscade. La marche est lente. A chaque instant la tête de colonne doit s'arrêter pendant qu'on fait serrer les porteurs et les traînards dont quelques-uns, sans cette précaution, se feraient infailliblement enlever par les cavaliers Toucouleurs qui voltigent sur nos flancs et nos derrières. Vers neuf heures, par-dessus les hautes herbes qui nous masquent la vue depuis le commencement de la marche, nous apercevons Djenné, construit sur une élévation qui émerge comme un îlot du milieu de l'immense plaine. Djenné nous semble une très grande ville, c'est, à proprement parler, une ville très étendue, mais qui contient relativement

---

(1) Ce mot, qui désigne le vêtement en général, s'applique ici à la vareuse ample de nos tirailleurs.

peu d'habitants. C'est qu'en effet les noirs, en architecture comme en beaucoup de choses d'ailleurs, en sont encore à l'enfance de l'art. Ils rampent modestement à terre dans leurs misérables rez-de-chaussée. C'est à peine si de temps en temps ils risquent un premier étage, et il faut convenir que c'est déjà un travail remarquable, si l'on songe qu'ils emploient pour tous matériaux de la terre et quelques morceaux de bois. Nous pouvons déjà distinguer un certain nombre de ces cases à un étage qui dominent le mur d'enceinte, elles vont servir tout à l'heure de point de mire à nos artilleurs.

Nous parvenons à moins de 300 mètres des remparts sans qu'un seul coup de fusil ait été tiré, ni d'un côté ni de l'autre. Aucun défenseur sur les murailles ; quelques têtes seulement se montrent de temps en temps pour nous épier et disparaissent aussitôt. Sur toute la ville, c'est le calme et le silence, mais c'est le calme qui précède la tourmente, c'est le silence et le recueillement de la prière et de l'invocation au Prophète avant les clameurs guerrières. Juste au moment où le gros de la colonne nous rejoint, voici que tout à coup retentit par delà les murs le son de la trompe appelant les défenseurs au poste de combat. Pendant ce temps, la colonne installe son campement et les pièces sont mises en batterie. Avant de faire parler la mitraille, le colonel dépêche jusqu'aux portes un parlementaire chargé de propositions pacifiques. Une grande partie de la population nous est favorable ; mais les Toucouleurs, qui nous ont précédés dans la place, forcent les habitants à la résistance, et nos propositions sont repoussées, comme c'était prévu. « Première pièce, feu ! » voilà notre réponse. Un à un, sans discontinuer, nos obus viennent tomber avec un fracas sinistre à l'endroit marqué pour la brèche. Notre artillerie est trop peu nombreuse et la ville trop étendue pour entreprendre un bombardement en règle, l'essentiel est de découper dans l'enceinte une porte large et accessible qui nous permette de monter à l'assaut. Pendant la nuit, à diverses reprises, des obus sont lancés sur quelques points importants de la ville qui ont été repérés soigneusement de jour. A minuit, un coup de feu maladroit tiré par un spahi en sentinelle fait croire à une sortie et met tout le monde sur pied ; mais en un clin d'œil tout rentre dans l'ordre.

12 AVRIL

Au lever du soleil, le feu d'artillerie reprend de plus belle pour parfaire la brèche et en déblayer les abords. Les défenseurs n'ont pas tenté de s'enfuir pendant la nuit, ils ne semblent pas davantage décidés à se rendre. L'assaut est devenu inévitable. A dix heures, les commandants de compagnie sont appelés à l'état-major. Nous allons connaître les privilégiés qui auront la chance de marcher. Bientôt après, le colonel fait avancer ma compagnie, puis les 2e et 4e régionales : ce sont les plus jeunes troupes et les moins aguerries de la colonne. Cependant le colonel pense qu'elles se battront aussi bien que les autres, et il a raison.

La brèche débouche sur un emplacement assez étroit, mais d'où partent, formant patte d'oie, trois ruelles par où les trois compagnies devront s'écouler le plus rapidement possible pour se répandre ensuite à travers les différents quartiers. Le colonel a donné ses dernières instructions ; il serre la main aux officiers et nous voilà partis. Ma compagnie marche en avant, ses quatre sections l'une derrière l'autre, sur deux rangs, au pas, alignées et l'arme sur l'épaule, comme à l'exercice. Il ne faut pas moins que l'ascendant extraordinaire que les officiers français ont sur les troupes indigènes pour les plier à cette sévère discipline du feu, à laquelle leur tempérament est essentiellement réfractaire. A cent mètres de la place, nous franchissons, toujours dans l'ordre le plus parfait, un petit marigot où nous n'avons de l'eau que jusqu'à mi-jambe. Enfin, à quelques pas seulement du talus qu'il faut escalader pour gagner la brèche, la première section énergiquement enlevée par son chef le lieutenant B, s'élance au pas gymnastique avec un entrain admirable au cri de : « En avant ! à la baïonnette ! » Les autres sections suivent aussitôt ; mais juste au moment où la quatrième section que je commande arrive sur la brèche pour donner une nouvelle poussée en avant, voilà que soudain une terrible décharge de mitraille, partie de l'extrémité de la ruelle où nous sommes déjà engagés, nous couche plusieurs hommes par terre. Les premiers rangs sont un peu démontés par cet accueil : ils hésitent ; c'est alors que le lieutenant F., commandant la compagnie, se jette résolument en avant pour entraîner ses hommes ; mais à peine a-t-il fait trois pas qu'il est grièvement atteint d'une balle à la tête : on l'emporte, et le commandement passe au lieutenant B. Grâce à son énergie, nous réussissons à gagner du terrain en balayant la rue de feux nourris et continus. Pendant ce temps, les deux autres compagnies ont escaladé la brèche à leur tour et s'efforcent de progresser dans les ruelles voisines vers les secteurs qui leur sont assignés. Cette fois, la brèche et ses abords sont définitivement conquis ; mais la nouvelle lutte qui va commencer ne sera pas moins dangereuse, ni moins difficile que la première. Les défenseurs se sont barricadés dans leurs cases, ils nous attendent derrière leurs portes, le fusil armé ou l'arc bandé. Ceux qui n'ont pas d'arme montent sur les toits avec une audace extraordinaire et arrachent de gros moellons de terre, aussi durs que des cailloux, qu'ils font pleuvoir sur nos têtes. J'ai déjà fait défoncer quelques portes par mes tirailleurs, lorsque, sur ma gauche, j'avise une case dont la porte est entrouverte : je la pousse, et quel n'est pas mon saisissement en apercevant, étendu dans un coin, inerte et ensanglanté, le corps du capitaine L., commandant de la 2ᵉ compagnie ; je m'approche, tout est bien fini : il porte une horrible blessure au visage, au-dessous de la pommette gauche. Autant que j'en puis juger par la position du corps, le capitaine n'a pas été frappé à cette place même, il y a été traîné du dehors et caché par un ennemi qui voulait le dépouiller et dont la besogne a été interrompue par notre arrivée. Une natte se trouve là, j'y fais déposer le malheureux officier et je le confie à deux tirailleurs pour le porter au camp. Le devoir m'appelle ailleurs ; mais dans cet instant si court, où je ne pus rendre à la mémoire de ce cher camarade qu'un furtif mais sincère hommage, ma pensée instinctivement se porta avec une bien douloureuse sympathie là-bas en France, vers ceux dont cette horrible nouvelle allait meurtrir le cœur à jamais. Cette pénible émotion n'était pas la dernière que me réservait cette journée. Quelques minutes plus tard, j'apprends que le lieutenant D., de la 4e compagnie, vient d'être mortellement frappé d'une balle en pleine poitrine. La mort de ces deux officiers, qui ne saurait être assez vengée, nous met à la fois la désolation et la rage au cœur, et nous n'éprouvons plus le moindre sentiment de pitié devant ces cadavres ennemis que nous heurtons à chaque pas. Les tirailleurs n'ont plus besoin d'être excités : la poudre et surtout l'appât du butin les grisent et les emballent ; il me faut même en venir aux menaces de mon revolver pour empêcher les massacres inutiles de femmes et d'enfants. Après deux heures environ de cette guerre de rue, la fusillade commence à devenir moins nourrie ; bientôt l'on n'entend plus que quelques coups de feu isolés. Les derniers défenseurs sont forcés dans leurs derniers repaires : ils se sont défendus jusqu'au bout. Aucun homme armé ne s'est rendu, nous n'avons pris que des cadavres.

C'est fini. Sur toute la ville plane maintenant un silence de mort. Je suis parvenu avec mes hommes à l'extrémité opposée du village, lorsque nous arrivent du camp les sonneries de *cessez le feu* et *rassemblement*. Que de choses elles signifient en un pareil moment, ces quelques notes cuivrées, si banales d'ordinaire ! « Cessez le feu ! » dit le clairon vibrant triomphalement, « la bataille est finie et nous sommes vainqueurs. » Mais de suite après, cette sonnerie du rassemblement pour ceux qui restent ne semble-t-elle pas prendre un ton lugubre pour nous rappeler qu'il faut compter les manquants, les blessés, les mourants et les morts ?

Ma compagnie compte 25 hommes hors de combat, dont 5 tués et 20 blessés, plusieurs très grièvement. Mon premier soin en arrivant au camp est de me rendre auprès du lieutenant F., tombé au début de l'action. Une balle lui a brisé les dents et est venue se loger dans la bouche, heureusement sans produire de perforation profonde ; cette blessure plus douloureuse que dangereuse l'empêchera durant quelque temps de parler et d'avaler, c'est affaire de patience. Un sergent européen a reçu deux balles, l'une à la jambe droite, l'autre à la hanche gauche : il s'en tirera heureusement aussi. Après avoir donné les premiers soins aux blessés, il faut songer à rendre les derniers devoirs aux morts. Derrière les corps de nos deux regrettés camarades, le cortège silencieux et morne des officiers, précédés du colonel que cette double catastrophe a anéanti, se dirige vers les fosses que l'on vient de creuser. Nous voici arrivés à ce nouveau cimetière, champ de mort à côté du champ de victoire : c'est la fin de toutes les batailles. Malgré l'émotion qui l'étreint, le colonel Archinard sait en quelques accents éloquents et virils traduire sur ces tombes les sentiments qui nous animent tous. Elle est terriblement imposante, dans sa simplicité, cette cérémonie des adieux suprêmes à ces deux braves, tout à l'heure ensevelis dans ce sol sur lequel ils sont tombés : c'est la sépulture des héros. Et puis ceux-là reposeront en terre française, car nos couleurs désormais vont flotter sur ces murs. Quelques pelletées de terre tombent avec un bruit sinistre : c'est fini, nous ne les verrons plus ; mais leur souvenir va demeurer impérissable dans nos cœurs d'amis et de soldats.

La besogne funèbre n'est pas terminée. A chaque compagnie revient le soin d'enterrer ses tirailleurs morts. Le lieutenant B. et moi accompagnons les nôtres à leur dernière demeure : ils méritent bien de la part de leurs chefs ce dernier témoignage d'estime et de gratitude, ces vaillants serviteurs de notre cause tombés à leur poste de combat.

La nuit est venue et jette son voile sombre sur ce tableau déjà si lugubre. Cette journée, qui a eu un réveil joyeux et plein d'espoir, s'achève dans les regrets et le deuil — C'est l'histoire de toute la vie résumée en un seul jour.

RÉSUMÉ DES DERNIÈRES OPÉRATIONS DE LA CAMPAGNE 1893

A la suite de l'occupation de Djenné, qui porte un coup terrible à la puissance d'Amahdou, celui-ci se retire vers Bandiagara, où le colonel Archinard se résout à le poursuivre.

Cette marche sur Bandiagara est particulièrement pénible. Il faut franchir une arête rocheuse, aux flancs abrupts, par un sentier à peine tracé. A plusieurs reprises, les pièces de 95 doivent être hissées à bras d'homme, au prix de mille peines et de mille dangers, pendant qu'il faut répondre aux coups de fusil de l'arrière-garde d'Amahdou. Tout l'honneur de ces journées des 26, 27 et 28 avril doit revenir aux artilleurs.

Ces canons ne serviront même pas Amahdou, découragé, nous abandonne Bandiagara, où nous entrons sans combat le 29 avril. Le colonel doit renoncer à poursuivre cet ennemi dont la seule tactique, désormais, sera de fuir. Son cheval, disent les noirs, est le plus rapide du Soudan Et puis, autre empêchement, nous manquons de vivres.

Le 4 mai, le colonel laisse à Bandiagara comme garnison ma compagnie avec un peloton de spahis et reprend la route de Kayes.

A peine commençons-nous à nous installer de notre mieux, c'est-à-dire très mal, dans ce village en ruines, au milieu de ce pays désolé, que nous apprenons un retour offensif d'Amahdou, qui nous sait peu nombreux maintenant. Il faut prévenir une surprise. Dans la nuit du 16 mai, nous partons, après avoir mis nos tirailleurs à cheval pour aller plus vite. Nous marchons tant que nos chevaux veulent marcher. Nous faisons 200 kilomètres en trois jours. Le troisième jour, nous joignons Amahdou à Dowentza. L'engagement est sérieux : 3 blessés de notre côté, 40 tués chez les Toucouleurs. La journée finit par une tornade épouvantable. C'est l'hivernage qui s'avance à grands pas. Nous poursuivons quand même. Trois jours après, à Dala, au soleil levant, nous surprenons Amahdou ; il se dérobe à nos salves en tournant derrière le village. Les spahis tentent vainement la poursuite : leurs chevaux marchent sur les genoux. Amahdou nous échappe, mais son influence est bien détruite cette fois dans tout le Macina. A peine quelques fidèles suivent sa fortune ou mieux son infortune. Ses principaux chefs viennent se soumettre. De nombreux prisonniers et un butin énorme complètent les résultats de cette petite colonne volante.

En résumé, la campagne 1893 vers l'Est, bien préparée et bien conduite par le colonel Archinard, a atteint son but. Tombouctou nous ouvrira ses portes quand nous voudrons. Malheureusement, derrière ces portes, un ennemi nouveau, plus terrible que les noirs, nous guette, et l'année suivante, au mois de janvier, après une marche merveilleuse d'entrain et de rapidité, l'infortuné colonel Bonnier, ne faisant que traverser Tombouctou et voulant sans plus tarder consacrer et consolider sa victoire, vient tomber avec une poignée de braves dans le guet-apens de Gundham. Une fois de plus la ruse du Touaregg a triomphé du courage, pour ne pas dire de la témérité des Français.

BESANÇON. — IMPRIMERIE DODIVERS.

www.ingramcontent.com/pod-product-compliance
Lightning Source LLC
Chambersburg PA
CBHW060941050426
42453CB00009B/1104